ISHTAR

Poesie

116

Nicola Bacchetti

# Litanie dell'Altrove

Gilgamesh Edizioni

*Non è morto
ciò che può attendere in eterno,
e col volgere di strani eoni
anche la morte può morire.*

*La città senza nome*
Howard Phillips Lovecraft

# LITANIE DELL'ALTROVE

*Un mistico percorso
nelle profondità dell'angoscia,
tra creature folkloristiche e
labirintiche dispersioni subconsce.*

NICOLA BACCHETTI

**Sequor**

Abbraccia le tenebre
necrofago seguace
di oscuri segreti

La morte sopita
può di colpo destarsi
per celate sorprese

## Blasfemica

Dissacranti frammenti
di chiese cadute
riflettono luci
di immonde credenze

## Un corvo

Un corvo giovane e forte si posò su un cavo elettrico in un pomeriggio soleggiato in prossimità del solstizio di marzo.

Nonostante i giorni passassero il giovane corvo non sembrava volersi muovere dal cavo su cui si era posato, così gli si avvicinò un passero domandandogli perché restasse li fermo nonostante le belle giornate di sole. "Non è il tempo" rispose il corvo.

Passarono altri giorni e l'assenza di cibo e acqua cominciarono a rendere il pennuto decrepito ed emaciato. Si avvicinò allora una farfalla, tentando di fargli notare che si stava lasciando andare e che aveva bisogno di nutrirsi. "Non è il tempo" rispose il corvo.

Passarono i giorni di sole e il vento e le intemperie ridussero il corvo tremante e fradicio. Attirò così l'attenzione di una colomba che tentò di fargli notare come rimanendo sotto la pioggia stesse finendo per ammalarsi gravemente. "Non è il tempo" rispose il corvo.

Dopo giorni altrettanti, il giovane corvo ormai scarno per la fame, demolito dalla pioggia e mangiato dalle mosche, disse "adesso".
Spicco il volo e morì.

## Potete piangere

Potete piangere
custodi dell'altrove
che nel buio del vuoto
avete visto cadere
la gloria nefasta
di tempi lontani

## Consecutio

La fame incessante
di genti infelici
conduce a sentieri
di eterni dolori

## Mutazioni di morte

Il bruco non è altro
se non una farfalla
che ancora non ha compreso
la morte

## Speculo

Narciso si guarda riflesso
nello specchio dello stagno

Così, come la morte
vede il suo riflesso nell'amore

## Lasciti

Ascosi lasciti di fontane
un tempo radiose
dimenticate nei boschi
dei padroni del tempo

Se allora perdersi
equivale a ritrovarsi
vagherò nel vuoto
per giungerti d'innanzi

## Vampiro

Figlio della notte
seguace del sangue
l'eterno rammarico
della sete del vizio

Quanto fa male
odiare la vita

## Scripturam

Penna migliore non esiste
di un cuore innamorato

o di un animo morente

## Libidine profana

Fervide mani di succubi
accarezzano il mio ventre
mentre all'orecchio
parole di lussuria
impregnano il mio onore

Ma spesso, è più facile
sentirsi soli in compagnia
che non nel vuoto labirintico
del proprio disordine cognitivo

## Daemones

Tra i sigilli profani
delle pietre cadute
demoni incatenati
si scontrano l'un l'altro
tra i sibilanti tintinnii
di metalli ferrosi

Angoscianti paure
imposte dai sorrisi
di macabre essenze
fameliche di carne

L'oblio comincia a fare
meno ribrezzo
d'innanzi al dolore
della dannazione

## L'Idra di Lerna

Come Ercole
che decapita l'Idra di Lerna
ogni giorno affrontiamo
le angosce nostre

Ma ad ogni testa rimossa
due nuove ne compaiono
cosicché ogni ansia
ne conduce una nuova

Iolao, accorrerai anche a me
in aiuto?

## Barnabà e Ludmilla

Un diavolo di nome Barnabà
scrutava dalle profondità degli
inferi le vedute del cielo.
Là, dove il paradiso celebrava
le vittorie sul male, un angelo
di nome Ludmilla si pettinava
con delicatezza, incrociando il
suo sguardo con quello del-
l'essere immondo.

Allora un giorno Barnabà de-
cise di recarsi nella dimora
dell'amata, al fine di incon-
trarla.
Giunse alle porte del paradiso
ma il suo animo era troppo
corrotto e quindi non gli fu
concesso accedere.

Dopo tempo, allora, fu Ludmilla a scendere gli inferi, per provare a incontrare il diavolo.

Giunse alle porte dell'inferno ma il suo animo era troppo puro e quindi non gli fu concesso accedere.

Da allora, Barnabà e Ludmilla continuano a guardarsi dalle sommità del cielo e le profondità degli inferi, in attesa del giorno in cui l'amore trionferà sul giudizio.

## Valzer

Il valzer
dei violini della morte
segue il lugubre spartito
composito dal fato

Ma è una melodia
così piacevole
che non danzarla
è impensabile

## L'uomo della notte

Il notturno si muove giocoso
tra le luci artificiali della notte
perdendosi
tra i veleni di inebrianti antidoti
e il vuoto accogliente
di orgasmi non ricambiati

## Danzanti

I soliloqui del folle
paiono incomprensibili
a chi dotato di buona ragione

Ma l'inabilità di comprendere
dementi orazioni
non è colpa di colui che le canta
quanto più da chi incapace di
ascoltarle

Il danzatore sarà sempre
considerato folle
da coloro inadatti a coglierne
la musica

## Mauta


Anziane mani tremolanti
tessono a maglia i fili del tempo
sarte necrotiche
decidono il momento
in cui recidere uno di questi
a formare l'arazzo della vita

Fatto di fili tagliati
intrecciati ai nuovi

## Miseramente odierni

In virtù di qualsivoglia efficienza
o sprezzante estetica
chi si occupava di questa
è giunto a barattarla
con chi delegato
di preoccuparsi della morale
in una permuta sterile?

## Hor Em Akhet

Necropoli alata
custode di tombe
dei tempi gloriosi

Sfinge andricefala,
dalla tua superbia
il Nilo è guardato
non curante dello scivolare
di epoche

Monolitica bestia,
il tuo volto custode,
di avidi occupanti
Dov'è la tua corona? Sgretolata,
tra le dune del tempo

Dimora dell'orizzonte,
nella tua necrovalle

la stele del sogno
concedesti al faraone, in errore

Ti fidasti dell'uomo, per natura
avaro, dissipatore di sapienze
Esso posseduto, dai demoni che
vagano il mondo
che non conoscono pietà,
ma solo fame, cieca

Perché, l'ingresso di Tebe
proprio a me bloccasti
saggiandomi, al rito dello spirito?

Androsfinge monolitica
seppur nella contezza,
divorami perché son uomo

**Giuditta e Oloferne**


Giuditta, pavida
Fillide sorride
Betulia, vive

**I funerali**


Lo sguardo lacrimoso osserva
i legami della coscienza
recidersi dal corpo di carne
mentre questi si disperdono
salati come lacrime
nell'empio e impensabile vuoto
dell'infinito non essere

## Rubino

Il sapore del vino
mi sorregge
tra notti insonni
e fedi perdute

**Rätsel**


Scomposti tra i nostri dolori
ci riassembliamo
nel confuso disordine
di frammenti discordanti

## Dove finisce il guardo

Al termine del visto
l'infinito ingloba la materia
perdendosi nel vuoto
di subconsci dispersivi

**Decomposti**


Abbandonati al divenire
di un miscuglio colloidale
tra organiche sostanze
nella scomposizione
materica

## Incubi

Ombre velate
proiettano senza invito
le paure dell'anima

**Occhi tristi**

Occhi tristi palesano
le rassegnazioni
della coscienza

## Nottate

Al buio usciamo spavaldi
persi, tra le ebrezze devianti
affamati di attenzioni
bisognosi di certezze
soli come polvere
crudeli come gli inverni

## Dove si incontrano gli amanti

Dove si incontrano gli amanti
quando hanno perso le certezze?
Mentre gli occhi sbugiardano
e le parole singhiozzano
le consapevolezze dell'imperfetto

## Abusi

La gentilezza è una farsa
di chi rimasto senza vergogna
sedante con le parole
e tetramente possessivo
afflitto dalle sue voglie
malato dei suoi passati

## Amo il tuo

Amo il tuo
Ho bisogno di compiacenza
Amo il tuo
Alimento la mia ambiguità
Amo il tuo
Assordo i pacati gridi
Amo il tuo
Zittisco i singhiozzi lacrimanti
Amo il tuo
amore non corrisposto

## Scilla e Cariddi

La nave dei superstiti
avanza fra i silenzi
delle acque della fame
tra politicanti ingordi
che negano il passaggio

## La tortora

Una tortora malata, in cerca d'affetto, si posa su un neonato dimenticato tra i rifiuti organici di una strada poco trafficata. Figlio delle precauzioni mancate e dell'amore non corrisposto, piange debolmente, soffocato tra gli odori di alimenti in decomposizione. L'uccello, così, si stringe al corpo dell'infante, vittima di odori pestilenziali e proliferazioni batteriche.

Soli, in un mondo privo d'amore, i due lo abbandonano, stretti l'uno all'altro, nella consapevolezza di una solitudine eterna.

**Inespresso**


Lacrime dal cuor suonante
melodie tediose e tristi
battito ingordo
che insisti

**Rosacea**

Disprezzami
come la Maddalena, Pilato
Venerami
come Machedà, Salomone

**Eden**


Lilith preferì gli inferi
che la sottomissione ad Adamo

Eva derivato
della machista tirannia divina

**Lux**

Mi salvò la serpe
dalle conoscenze negate
di tiranniche benevolenze

Tra le fedi oscuranti
mi donasti la vista
e fummo banditi

**Foetor**


Posso sentire
il tanfo di orgasmi mancati
attraverso indumenti stropicciati
di amori non più ricambiati

## Frammenti

Ho fatto a pezzi il mio cuore
per donarne i frammenti
a sconosciuti disinteressati

**Esumati**


Guarderai i petali
staccarsi dai ciclamini in fiore?

## Morti

La pausa scenica
nella sadica commedia
della recita esistenziale

## Danzante

La morte randagia ti morde
ma tu continui a ballare
bella senza tempo
la musica della vita

**Respiri**


Siamo macchine
programmate per arrugginire
Insetti volanti
tra i tessuti del ragno

## Ombrelli

Solo perché non sentiamo la carne
non significa che non temiamo
la morte

Festeggeremo
sotto la pioggia

## Infezione

Siamo solo malattie
Per cosa morirai tu?

Tutto quello che abbiamo
è il tempo
sporco

**Putrefatto**


Corvi schiumanti
si dilaniano le ali

Occhi tristi rossi cremisi

I bambini non dovrebbero giocare
con le cose morte

## Chanan

Troppo giovane
per essere tuo padre

Troppo vecchio
per essere tuo amico

**Intollerato**


Il mio cuore marcisce
nel terreno
della mia assenza di fede

## Medusa


Pietrificami con il tuo sguardo
d'amore, perché se tu per me
sei Medusa
io per te sarò Perseo, pronto
a morire tra i tuoi occhi

**Ritorni**

Riesumi la mia anima sepolta
ogni volta
che getti lo sguardo
fra le mie paure

## Perdersi


Il senso di abbandono che
trasmetti, ogni volta
che distogli lo sguardo
da me

**Risorgi**


Morire sarebbe più dolce
se avvenisse tra le tue braccia

E allora, forse
sarei disposto a rinascere

**Carcasse**

Talvolta, i corvi
fanno l'amore
con i morti

## Finiti


L'ansia mi ha colto
nella consapevolezza
della finitezza
della vita

**Soli**

Quanto digrignano i denti
nelle notti in solitudine
nei solstizi d'inverno

quando le paure ti colgono
e il sole non vuole più sorgere

## Primordiale

Bellezza
è ricordare
il dimenticato

**Jacobus**


La vita va avanti

Ma è proprio questo
a rendere la vita
dolorosa

## Soffocami


I tentacoli della mia ansia
mi avvolgono questa notte
in cui la luna è rossa
e il vento taciturno

Tra i silenzi pungenti
e i pensieri gracchianti
mi addormento

## Ascolti

Mi sussurrano
parole d'odio e gelosia
i silenzi delle mie paure

Nel mentre soffoco

## Risate notturne


A farmi compagnia
questa notte
ci sono i fantasmi
delle mie paure
che mi chiamano
con voci euforiche

impedendomi il sonno

## Oltre (Vampira)

Oltre le rive dei fiumi scarlatti,
oltre le brume rosse dell'orizzonte,
riposi tu, figlia di Caino

Amami, in eterno

## Calante


Il dolore
è sempre il primo a scendere

Quando un amore comincia,
o finisce

## Maledetta


Lune rosse indicano notti impure

Rimani a casa questa sera
e non rispondere
al richiamo dei corvi

## Lo specchio

Se ti avessi incontrata
in uno specchio
non avrei potuto riconoscerti
perché in te
vedo me stesso

Il lato più cupo

**Dionea**

Come la venere acchiappamosche
mi hai confuso con i tuoi profumi
divorandomi nelle debolezze

Avessi visto le tue radici
le avrei sradicate.

## Licantropo


È la luna piena a trasformare
l'uomo in mannaro

Per stanotte non ti guarderò,
aspetterò l'alba

**Larva**


Ti sei insinuata nelle mie carni
come una larva famelica
cercando rifugio
tra i miei dolori

## Luna

Sei come la vita

Luna che sorge
solo una notte
fiore che sboccia
solo una primavera

**Cor**


Ti strapperò
il cuore in una volta

Per farti meno male
solo in una volta

## Yurei

Spiriti tenebrosi volteggiano
un cielo di rimorsi rancorosi
tra parole mancate e gesti
incompresi

**Dove riposi**


I petali del ciliegio
si distendono tristi
sulla landa recintata
dei corpi marci

Gli alberi in fiore sono a disagio
nei cimiteri

**Preghiera al Tengu**


Demone rosso
dall'aspetto mitomane
facile all'ira
di arroganza blasfema
puoi risparmiarmi in questa notte
in cui dormo da solo?

Concedimi il tempo
di morire in compagnia

## Precauzioni sull'Oni

Come una madre
che ha perduto il figlio
cercherà di portarti via
quanto ti è più caro

Fuggi dal sorriso dell'Oni e cerca
la luce del sole

Nicola Bacchetti

## Haiku del defunto

Mente placida
alternando il corso
lascio l'abisso

## Un giorno


Non ho avuto il coraggio
di porre fine alla mia vita
perciò spero che qualcuno
lo faccia al mio posto

Dio, esisti?

Nicola Bacchetti

## Tre volte grande


Ermete Trismegisto,
il tre volte grandissimo
vide cadere dal cielo
lo smeraldo di Satana

La conoscenza dell'alchimista
una vita lunga e durevole
ottenuta dal compianto
di chi ha osato sfidare Dio

**Tradire per amore**


Cristo ha previsto
il tuo tradimento
Giuda Iscariota
il morto suicida

Conducesti alla croce
il figlio di Dio
Giuda Iscariota
il morto suicida

La redenzione dal peccato
è forse tuo merito?

## Profondità

Abominio di vomito
e cumulo di tentacoli
avvolgenti

Il richiamo degli immondi
avviene solo
quando la notte è taciturna

## Behemoth

Behemoth
voci mi chiamano
Behemoth
ne avverto i richiami

Cosa riposa dentro il mio cuore
in questa notte malvagia
in cui deliri euforici
gridano risate
e urlano nomi
in cui mi riconosco?

## Litanie dell'altrove

Ascoltasti le Litanie dell'Altrove
e ti ritrovasti condotto
in un campo di papaveri

Ma da qui le stelle
non si scorgevano
e i silenzi parevano disumani
gli stessi udibili, alla fine delle ere

Ritrovare la via di casa
ormai, è impensabile
perché ciò che è smarrito
non torna mai indietro
allo stesso modo
e i segreti della profanazione
hanno già distorto il tuo sentiero

# Litanie dell'Altrove

# Indice

GEŠTINANNA – Narrativa classica

Italo Svevo, *L'assassinio di via Belpoggio*
Augusto De Angelis, *Sei donne e un libro*
Carolina Invernizio, *I misteri delle soffitte*
Giulio Piccini (Jarro), *L'assassinio nel vicolo della luna*
Edgar Wallace, *La porta dalle sette chiavi*
Marie Adelaide Belloc Lowndes, *La dama di compagnia*
Cesare Pavese, *La bella estate*
Augusto De Angelis, *Il canotto insanguinato*
Oscar Wilde, *Il ritratto di Dorian Gray*
Luigi Pirandello, *Uno, nessuno e centomila*
Augusto De Angelis, *Il banchiere assassinato*
Edward Phillips Oppenheim, *Tradimento*
Herman Melville, *Moby Dick*
Jules Verne, *Ventimila leghe sotto i mari*


ISHTAR – Collana di Poesia

Ana Kramar, *Il passaggio fra le mani*
Ivana Magri, *Echi d'anima*
Augusto Bolther, *Labirinti di luce*
Andrea Garbin, *Croce del Sud*
Giulia Deon, *Piccolo Bestiaire*
Paolo Savani, *La ricerca dell'aria dalla A alla Z*
Giulia Deon, *Omaggio naturale*
Monica Palma, *Senza fini di logos*
Carlo De Raffaele, *Luci notturne*
Giulia Deon, *Poesie a regola d'arte*

Carlo Sturani, *suonoSettenari*
Emidio Montini, *I Vecchi di Colono*
Andrea Garbin, *Genesi dei sensi*
Floriano Rubiano Fila, *L'osteria del tempo che passa*
Emidio Montini, *Cronache dalla macchia*
Giulia Deon, *Variazione sui temi*
Carlo Sturani, *Cometa – Uno sguardo sul mondo*
Lina Luraschi, *Scucita voce*
Luca De Risi, *L'acqua bassa delle rive*
AA. VV., *Antologia Premio Naz. di Poesia Terre di Virgilio 2015*
Gianluca Moro, *I poeti non sanno scrivere*
Massimo Padua, *Con pelle di spine*
Manuel Paolino, *Carmina Lapidea*
Giorgio Bolla, *La quintessenza del gioco*
Lara Lorenzini, *In rebus*
Emidio Montini, *Il tempo e le maree*
Nadia Alberici, *Terre incolte*
Lilli Sanna, *Foglie d'ortica*
Alessandra Chiavegatti, *Dietro agli occhi in fondo all'anima*
AA. VV., *Antologia Premio Naz. di Poesia Terre di Virgilio 2016*
Gabriella Montanari, *Si chiude da sé*
Giorgio Corvi, *Antologia*
Emidio Montini, *Nostalgia del padre*
Massimo Novaga, *Sguardo sul nuovo mondo*
Maurizio Salva, *Così*
Massimo Padua, *Il contrario della meteora*
Mattia Venturini, *Il teatro delle attese*
Carlo Sturani, *Alci*
Simonetta Fantoni, *Ricreazione*
Marjio Durmishi, *Aral*
Anna Vercesi, *Mi t'aspet chi*

Anna Vercesi, *Trasparendo*
AA. VV., *Poesia – La vertigine della bellezza*
AA. VV., *Antologia Premio Naz. di Poesia Terre di Virgilio 2017*
Floriano Rubiano Fila, *La ballata di via degli Orti e altre anomalie*
Maurizio Maffezzoni, *Passione di un arrogante innocente*
Ruggero Campagnoli, *Sonetti da tavola I. Per Liana (nuova versione)*
Ruggero Campagnoli, *Sonetti da tavola VIII. Per Sara*
Ruggero Campagnoli, *Sonetti da tavola IX. Per Tessa*
Laura Coghi, *La dolce amazzone giapponese e il giardiniere della piccola bellezza*
Emanuela Dalla Libera, *Lo sguardo altrove*
Paolo Bartalini, *Piccola corrispondenza fuori sacco*
Domenico Perigni, *Orlando Magno e la testa tagliata*
Simone De Bernardin, *Porpora e amaranto*
AA. VV., *Young Poetry*
AA. VV., *Antologia Premio Naz. di Poesia Terre di Virgilio 2018*
Claudio Fraccari, *Nittalopìa*
Marilucia Dui, *Briciole sparse*
Rodolfo Vettorello, *Rondini a Milano*
Andrew S. Marini, *Il visitatore*
Angelo Lamberti, *Poesie con il fiato corto*
Giulia Deon, *Inedito ritorno*
Ruggero Campagnoli, *Sonetti da tavola X. Per Ubalda*
Ermanno Prandini, *Al di là della porta*
AA. VV., *Young Poetry 2019*
AA. VV., *Antologia Premio Naz. di Poesia Terre di Virgilio 2019*
Enrico Ratti, *Blasfemie*
Alberto Cappi, *Mamanto – Poesie per una città / La*

*città dei poeti – Poesie per un poeta*
Angela Cresta, *Curriculum*
Mariangiola Mangiagalli, *Viaggio tra poesia e realtà*
Luca Bertuzzi, *Carta in tavola*
Carlo Sturani, *Cavalieri*
Stefano Prandini, *Il sale della terra*
Lina Luraschi, *Di pari passo*
Paolo Breviglieri, *Lodi e altri incanti*
Santo Atanasio, *Frammenti di un sogno d'estate e altri versi*
Rosa Pierno, *Istoriato*
Alberto Costo Lucco, *Piazza Libertà*
Francesco Chinaglia, *Sonata per soli notturni*
AA. VV., *Antologia Premio Naz. di Poesia Terre di Virgilio 2020*
Gianluca Moro, *Il pianeta dei Navigli*
Dalila Mancusi, *Stagione d'amore*
Elisabetta Salemi, *L'ultima lacrima del fiume Simeto*
Elisabetta Salemi, *Il silenzio di un fiume*
Fenissa Holden, *Medea era una fanciulla*
AA. VV., *Young Poetry 2020*
Roberto Tondi, *Poesie sul cielo e sulla terra*
Umberto Bellintani, *La mia pianura vasta e sonora*
Maria Ernani, *Oltre*
Silvia Favaretto, *La notte dei corpi*
Emanuela Dalla Libera, *ἡσυχία – Sedimentare il tempo*
Angelo Lamberti, *Poesie in italianese*
Giulia Deon, *Cento sonetti d'amore (in versi liberi)*
Floriano Rubiano Fila, *Il raccoglitore di sogni*
Santo Atanasio, *Versi di un anno (in grigio e in verde)*
AA. VV., *Antologia Premio Naz. di Poesia Terre di Virgilio 2021*
AA. VV., *Young Poetry 2021*
Carlo Sturani, *Finis terrae*

Roberto Tondi, *Briciole e La notte dei sogni*
Barbara Pizzi, *Le mie poesie (1981 – 2021)*
AA. VV., *Poesia e filosofia. I domini contesi*
Guerrino Sacchella, *Penser de gnaro*
Rosana Crispim da Costa, *Niente mi impedisce di guardare le stelle*
Roberto Tondi, *Les préludes*
AA. VV., *Antologia Premio Naz. di Poesia Terre di Virgilio 2022*
AA. VV., *Young Poetry 2022*
Santo Atanasio, *Cento poesie nuove e varie*
Nicola Bacchetti, *Litanie dell'altrove*


## LE ZANZARE – Poesia civile

Nenad Glišić, *Nella pancia della bestia*
Beppe Costa, *La terra (non è) il cielo!*
Ivana Maksić, *La mia paura di essere schiava*
Alejandro Murguía, *Offerte di carta*
Basir Ahang, *Sogni di tregua*
Leyla Patricia Quintana Marxelly, *Questo amore, più forte del tuo silenzio*
Serse Cardellini, *Dell'inutile*
Alessandra Bava, *A rima armata*
Benny Nonasky, *La città delle mosche*
Xanáth Caraza, *Le sillabe del vento*
Valbona Jakova, *Richiamare al bene*

COLLANA CORTE DEI POETI

Luciana Bianchera, *L'arte dell'affanno*
AA. VV., *Sandro Penna: Il dolce rumore della vita*


POETHREE – Collana di Gemellaggi poetici

1) Andrea Garbin, Rosana Crispim Da Costa, Viorel Boldis – Poetre (një vibrim dallgëzues flatrash – una vibrazione ondeggiante delle ali) – Traduzione e introduzione di Valbona Jakova
2) Valeria Raimondi, Beppe Costa, Jack Hirschman – Poetre II – Traduzione e introduzione di Valbona Jakova

**Sfoglia** il nostro **catalogo completo**

**inquadrando** con il tuo **cellulare**
il **Qr-code** riportato qui sotto

Buona lettura

da **Gilgamesh Edizioni**